La Statue de la Liberté
Le défi de Bartholdi

Marie-Sophie Corcy, Lionel Dufaux
et Nathalie Vuhong

HORS SÉRIE
DÉCOUVERTES GALLIMARD

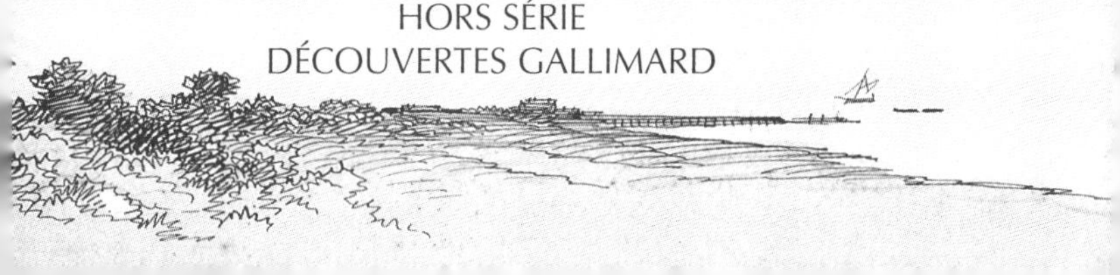

Bartholdi oriente très tôt sa carrière vers l'art colossal et la statuaire publique : monuments de places et jardins, telles la Fontaine des Terreaux à Lyon et la statue de Vercingétorix à Clermont-Ferrand, sculptures de façades et figures funéraires. Son œuvre, profondément ancrée dans sa région natale, rend hommage à des personnalités alsaciennes : militaires (général Rapp, 1856, amiral Bruat, 1864) ; érudits (Gustave Adolphe Hirn, 1894), mais aussi au terroir régional : *Le Petit Vigneron*, 1869, *Le Tonnelier alsacien*, 1902.

Bartholdi dans son atelier rue Vavin, à Paris, en 1886. Sur les étagères, sont posées les maquettes de bon nombre de ses œuvres.

Colmar-New York via Suez

Auguste Bartholdi est né en 1834 dans une famille de notables de Colmar. Il reçoit à Paris une solide formation en sculpture, peinture et architecture, et à 21 ans, part pour un long voyage en Égypte, sur les pas de Gustave Flaubert et de Maxime du Camp. À l'occasion de l'Exposition universelle de 1855 à Paris, il présente la statue du général Rapp; le jeune sculpteur accède ainsi à la notoriété. En 1870, la perte de l'Alsace-Lorraine révolte profondément ce patriote aux convictions républicaines. En hommage aux habitants de Belfort qui ont affronté avec bravoure un terrible siège, Bartholdi sculpte le *Lion de Belfort*. Grâce à cette œuvre monumentale, l'artiste s'affirme comme un des maîtres de la statuaire colossale.

En 1871, il s'embarque pour les États-Unis où il découvre la splendeur de la rade de New York. Il rêve d'y ériger un monument célébrant l'idéal républicain de la Liberté...

Le monument aux Aéronautes fuyant Paris pendant le siège de 1870 (maquette en bronze ci-dessus) fut installé à Paris puis détruit pendant la Seconde Guerre mondiale.

Surgissant de la roche, le Lion, œuvre monumentale de 22 m en grès rose, veille sur Belfort depuis 1880.

Bartholdi roulait dans sa tête des projets de monuments grandioses.

Charles Goutzwiller, *Souvenirs d'Alsace*, 1898

Auguste Bartholdi (1834-1904), par Jean Benner, 1886

Le grand bras est dressé et je dirai sans aucune modes

Le défi de la Liberté

En 1865, au cours d'un dîner mondain, l'académicien Édouard de Laboulaye expose son souhait de commémorer le centenaire de l'indépendance américaine (1776-1876), et suggère que la France offre une œuvre prestigieuse aux États-Unis, pour sceller l'amitié des deux peuples. Le projet est confié à Bartholdi qui imagine alors *La Liberté éclairant le monde*. En 1875, l'Union franco-américaine lance une souscription pour couvrir les 600 000 francs nécessaires. Et Bartholdi lui-même s'engage avec passion dans l'opération de promotion. Il dévoile le premier élément achevé de son œuvre – la main et le flambeau – à l'Exposition universelle de 1876, à Philadelphie. Lors de l'Exposition de 1878 à Paris, il met en scène le buste de la statue, également terminé. Une grande loterie permet de boucler la souscription. Le 7 juin 1880, les fonds permettant l'achèvement de la Statue sont enfin réunis.

Un diorama – peinture panoramique avec des jeux d'éclairage – est installé dans le jardin des Tuileries en 1878. Le tableau préfigure l'achèvement du projet et présente la Statue aperçue d'un bateau arrivant à New York.

On lui trouve une expression de fermeté sévère qui n'existe pas lorsqu'on est près.

La France, 17 octobre 1878

Le buste en cuivre martelé de 12 m de haut lors de l'Exposition universelle de 1878. Le public pouvait accéder à l'intérieur et contempler le Champ-de-Mars, depuis les ouvertures du diadème.

ne belle pièce et très saisissante. Bartholdi à sa mère, 1876

Sous l'œil de Bartholdi, dans les ateliers du 25, rue de Chazelles, près du parc Monceau, gâcheurs de plâtre et sculpteurs modèlent la forme du bras gauche sur la structure en bois.

La Liberté en chantier

Dès 1875, alors que le financement du projet n'est pas encore assuré dans sa totalité, la construction de la Statue de la Liberté débute dans les ateliers de la cuivrerie d'art Gaget, Gauthier et Cie, à Paris, avec la collaboration de l'architecte Viollet-le-Duc, chargé de concevoir une armature pour le colosse. Développant une stratégie publicitaire originale, Bartholdi ouvre le chantier au public, moyennant un droit d'entrée, et fait appel aux photographes Charles Marville et Pierre Petit pour fixer toutes les étapes de la construction et du montage. Des tirages sont offerts aux souscripteurs et des gravures d'après photographies apparaissent régulièrement dans la presse française et américaine.

Cette maquette, présentée aux visiteurs des ateliers, montre l'opération d'agrandissement du modèle de la tête (visible à droite), par projection «en carreaux» pour la fabrication de l'élément définitif. Les mesures sont faites au compas, au fil à plomb et à la règle.

On n'entend que des coups de marteau,
des grincements de lime, des cliquetis de chaînes;
partout une agitation, un brouhaha,
un remue-ménage énorme.
On se croirait dans une vaste usine.

Le Moniteur universel, 29 mars 1885

La main et le flambeau grandeur nature forment le premier élément construit de la Statue de la Liberté. Exposé à Philadelphie en 1876, il revient en France pour le montage de vérification.

La taille monumentale de la statue (46 m) a amené Bartholdi à choisir comme matériau le cuivre, plus léger que le bronze. Le sculpteur a réalisé un modèle d'exécution en plâtre de 2,11 m (1/16e) à partir duquel un découpage des différentes parties de la statue a été effectué. Pour chaque élément amené à sa taille définitive, on construit une structure en bois que l'on recouvre de plâtre. Sur cette forme en plâtre modelé, on positionne des gabarits en bois qui servent ensuite de moules pour le martelage des 300 feuilles de cuivre, d'une épaisseur de 1 à 3 mm, qui forment l'enveloppe de la Statue. Différents corps de métiers sont intervenus sur le chantier : menuisiers et charpentiers pour la confection des lattis et des gabarits en bois, gâcheurs de plâtre et sculpteurs pour les formes en plâtre, chaudronniers et forgerons pour le travail du cuivre.

Différentes étapes de la construction vers 1883 : à gauche, préparation en plâtre du bras gauche ; ci-contre, fabrication des gabarits en bois sur l'épaule en plâtre. On voit également l'index en cuivre et le modèle d'exécution.

Un colosse parisien

Viollet-le-Duc meurt en 1879 et Gustave Eiffel lui succède un an plus tard. L'ingénieur renonce aux solutions techniques de son prédécesseur et imagine une structure entièrement métallique, souple et légère, sur laquelle les plaques de cuivre formant l'enveloppe de la Statue seront fixées. La construction de cette armature en fer commence en 1881, dans la cour des ateliers, et permet de procéder au montage de vérification au début de l'année 1884. Les Parisiens découvrent alors une statue de 46 mètres de hauteur, qui surplombe les toits de la Plaine Monceau. Pour la première fois, on peut contempler l'œuvre à taille réelle. Le drapé de sa tunique, les traits du visage et la pose font clairement référence à la statuaire antique. Le 4 juillet 1884, Ferdinand de Lesseps, nouveau président de l'Union franco-américaine, et Auguste Bartholdi signent l'acte de donation de *La Liberté éclairant le monde* au peuple américain.

Dans les années 1880, l'architecture métallique est en plein essor à Paris. La structure en fer du Pavillon de l'Exposition universelle de 1878, devant laquelle Bartholdi souhaitait installer sa tête de la Liberté, est réalisée par Gustave Eiffel, l'ingénieur novateur du viaduc de Garabit et de la tour qui portera son nom. Pour l'assemblage définitif des plaques de cuivre de la Statue, Eiffel choisit d'utiliser une technique nouvelle : des rivets en cuivre aplatis et invisibles créent l'illusion d'un bronze agrandi.

Vue des ateliers Gaget, Gauthier et Cie et de la structure métallique de la statue, vers 1883

Les plaques de cuivre sont fixées sur une ossature métallique constituée d'un mât robuste de 29,54 m de haut et d'une structure plus légère. La souplesse de ce système permettra à la Statue, une fois installée, de résister à des vents violents, ainsi qu'aux différences de température qui provoquent un phénomène de dilatation. La Statue pèse 200 tonnes : 120 pour la structure, 80 pour l'enveloppe.

Auguste Bartholdi inspectant le martelage des feuilles de cuivre sur les gabarits en bois, vers 1884.

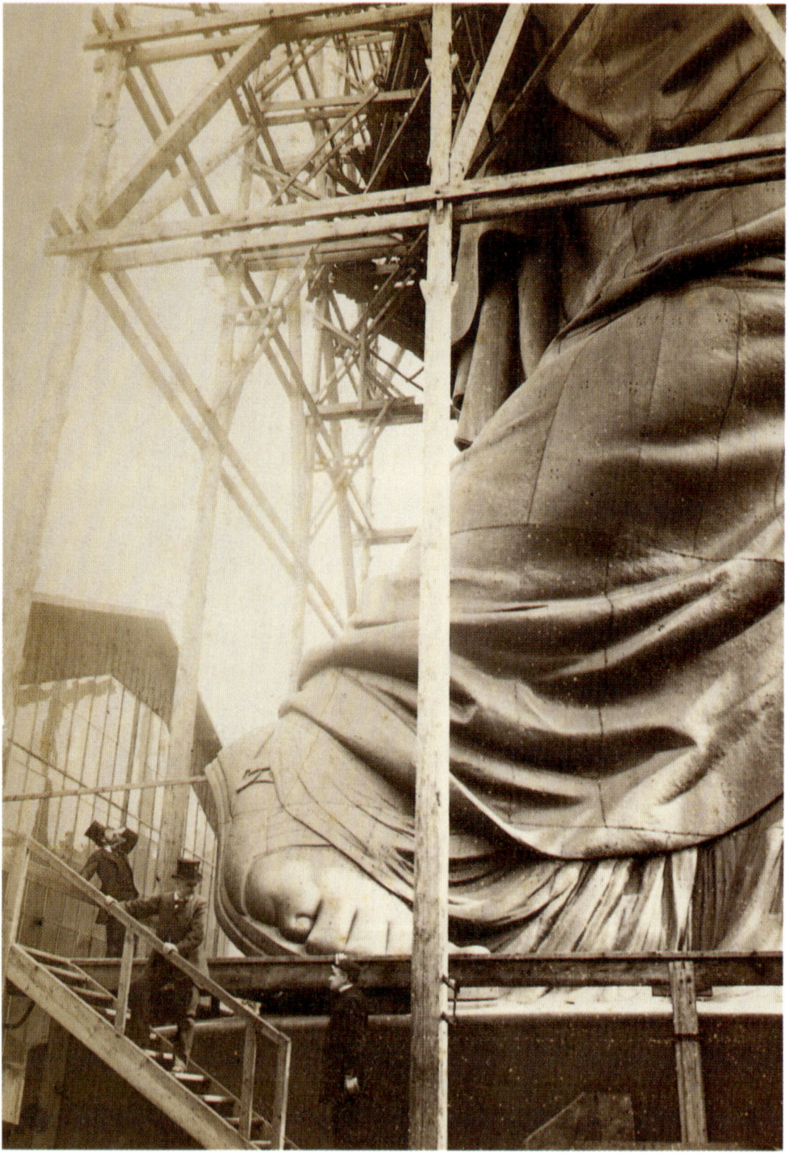

Inauguré
le 24 octobre 1881,
le montage de
la Statue à l'extérieur
des ateliers dure deux
ans et huit mois.
Le 4 juillet 1884,
jour de la donation
au peuple américain,
Auguste Bartholdi
pose, admiratif,
au pied de son œuvre.

Au lieu de tenir dans sa main les foudres qui portent la terreur et la mo

Discours d'inauguration du

Le rêve de mon exis

Si la majestueuse figure pouvait parler, quelle histoire elle aurait à raconter sur la petitesse, la pingrerie et l'égoïsme antipatriotique de nos citoyens qui ont verrouillé leurs poches.

Joseph Pulitzer, *The World*, 1885

« Mille ans après, elle attend toujours », caricature à propos des retards de construction du socle, publiée dans le *Frank Leslie's Illustrated Newspaper,* le 30 août 1884.

New York, New York...

Démontée au début de l'année 1885 et soigneusement répertoriée dans plus de deux cents caisses, la Statue de la Liberté quitte Rouen, le 21 mai 1885, à bord de la frégate *L'Isère*. Elle arrive dans la rade de New York le 19 juin. Mais la construction du socle sur l'île de Bedloe, financé par les États-Unis, n'est pas terminée. Les travaux des fondations ont pourtant débuté en 1883... Joseph Pulitzer, propriétaire du journal *The World*, lance un cri d'alarme pour rassembler les fonds manquants. Le piédestal est enfin achevé au printemps 1886 et le montage de la statue peut commencer. L'inauguration a lieu en grande pompe le 28 octobre 1886, avec discours sur l'île et imposante parade navale qui prend d'assaut la baie de New York, tandis que civils et militaires défilent dans les rues de la ville. La cérémonie s'achève par un feu d'artifice.

n du montage de structure métallique ır le piédestal, 1886.

n 1881, les membres u Comité américain e l'Union franco-méricaine avaient onfié la conception u socle au célèbre chitecte Richard lorris Hunt, dont projet définitif t accepté en 1884. ingénieur en chef harles Pomeroy one assure la irection du chantier.

Voilée, la statue attend l'inauguration du 28 octobre 1886.

nt le flambeau qui guide les hommes dans la voie de l'affranchissement.
veland, le 28 octobre 1886

mpli. Bartholdi, 1886

Vue de Manhattan depuis Liberty Island

La conservation de cette œuvre monumentale, exposée à l'air marin et à des conditions climatiques difficiles, requiert des soins réguliers. Réparée en 1932 puis en 1940, une restauration d'envergure s'est imposée à l'aube de son centenaire (1986). L'armature, corrodée par l'eau de mer, n'assurait plus la rigidité nécessaire et le bras droit menaçait de s'effondrer. Fortement dégradée, la torche d'origine a été remplacée par un flambeau en cuivre doré à la feuille d'or. Avec plus de 4 millions de visiteurs par an, *La Liberté éclairant le monde* compte, avec la Tour Eiffel, parmi les monuments les plus fréquentés au monde.

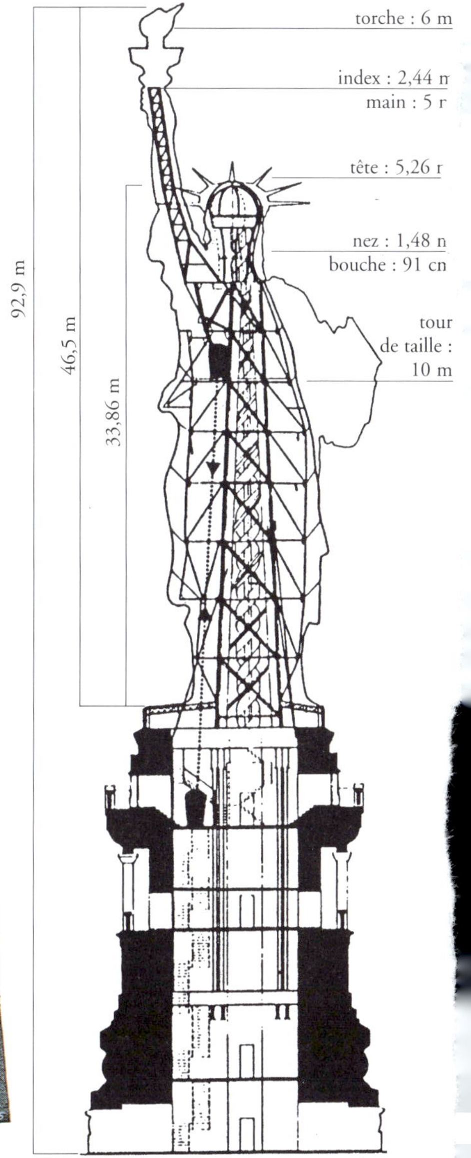

Coupe de la Statue rénovée en 1986

La Liberté éclaire le monde

« Souvenez-vous de votre premie
frisson de liberté ! », affiche pour un deuxièm
emprunt de guerre, 191

Pari fou de ses promoteurs, la Statue de la Liberté représente un remarquable exploit technique. Les Américains se sont peu à peu appropriés cet encombrant cadeau, classé monument national en 1927. Le sens initial de l'œuvre – la célébration de l'Indépendance des États-Unis – est passé au second plan et sa dimension symbolique s'est imposée. Ce « nouveau colosse », tourné vers la vieille Europe, incarne désormais l'idéal américain de démocratie et de liberté. Magnifiquement située à l'entrée du port de New York, la Statue a accueilli des générations d'immigrants arrivant par bateau, comme la promesse d'une vie meilleure. *La Liberté éclairant le monde* est devenue le symbole des États-Unis et de la ville de New York, une icône, comme en témoignent ses apparitions régulières dans la publicité et les médias.

Loin des rives grecques
et de leur géant d'airain
Aux membres étendus
de l'une à l'autre terre,
Les portes du couchant
que vient laver la mer
Ont une femme, mère des exils,
pour gardien.
La foudre, emprisonnée,
loge dans sa main :
C'est une torche, un phare,
dont la flamme éclaire
Des hautes cités jumelles
le port jeté dans l'air. […]
Ses lèvres silencieuses
hurlent dans le vent :
«Gardez, vieux pays,
vos pompes, vos trésors !
A moi vos masses blotties !
l'air libre les attend !
Jetée par l'ouragan,
elle arrive à bon port,
L'ordure misérable
de vos rivages grouillants.
J'ai hissé mon fanal
devant la porte d'or.»

Emma Lazarus, *The New Colossus*, 1883
(poème gravé en 1903 sur le socle de la Statue)

Immigrants passant devant la Statue de la Liberté
pour rejoindre le centre d'accueil d'Ellis Island, 1900.

TABLE DES ILLUSTRATIONS

En 1907, Jeanne Emilie Bartholdi, veuve de l'artiste, a fait don au musée des Arts et Métiers d'un ensemble d'épreuves photographiques et d'objets (maquettes, moulages), consacré à la Statue de la Liberté. Un certain nombre des documents reproduits dans cet ouvrage appartiennent à ce fonds, enregistré sous le numéro d'inventaire 13768. Ils sont mentionnés avec leur numéro d'inventaire. Tous les clichés correspondants ont été fournis par le Musée.

Couverture
Statue de la Liberté. © Kelly-Mooney Photography/Corbis.

Pages de garde
Projet de billet de loterie pour la Statue de la Liberté, dessin de Bartholdi, vers 1879.

Colmar-New York via Suez
Ouverture
Maquette du monument aux Aéronautes fuyant Paris pendant le siège de 1870, 1904. Musée Bartholdi, Colmar. © Christian Kempf, Colmar.
Le Lion de Belfort *in situ*, photographie. © Christian Kempf, Colmar.
Auguste Bartholdi, peinture de Jean Benner, Musée Bartholdi, Colmar. © Christian Kempf, Colmar.
Dépliant
Bartholdi dans son atelier rue Vavin, à Paris, photographie, 1902.
Maquette du projet *L'Égypte apportant le progrès à l'Asie*, terre cuite, 1869, Musée Bartholdi, Colmar. © Christian Kempf, Colmar.
Maquette de la Statue de la Liberté, terre cuite, 1875. Musée Bartholdi, Colmar. © Christian Kempf, Colmar.
Ébauche de la tête de Statue, bronze, 1875. Musée Barthold Colmar. © Christian Kempf, Colmar.
Vue imaginaire de la S sur l'île de Bedloe à New York, aquarelle de Bartholdi, 1885. Musée Bartholdi, Col © Christian Kempf, Colmar.

Le défi de la Liberté
Ouverture
Publicité pour le diora des Tuileries, affiche de Jules Chéret, 1878. © Christian Kempf, Colmar.
Réduction du dioram installé au Jardin des Tuileries à l'occasion de l'Exposition univer 1878, maquette (Inv. 13768-0008-1).
Le buste de la Statue d la Liberté en cuivre martelé, au Champ-d Mars à Paris, à l'occas de l'Exposition univer 1878. Pierre Petit (18 1909), épreuve sur pa albuminé (Inv. 13768-0008-017

Numéro d'édition : 133043
ISBN Gallimard : 2-07-030583-X
Dépôt légal : novembre 2004
Imprimé en Italie par Editoriale Lloyd